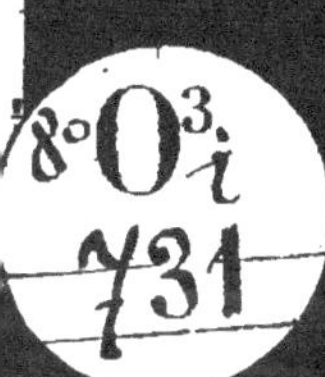

Le Chanoine PAVARD

UNE FÊTE INCOMPARABLE

DANS LE

DIOCÈSE DE CARTHAGE

BÉNÉDICTION

DE LA

NOUVELLE ÉGLISE D'ENFIDAVILLE

1ᵉʳ MAI 1907

ALGER

TYPOGRAPHIE ADOLPHE JOURDAN

IMPRIMEUR - LIBRAIRE - ÉDITEUR

2, Place de la Régence, 2

1907

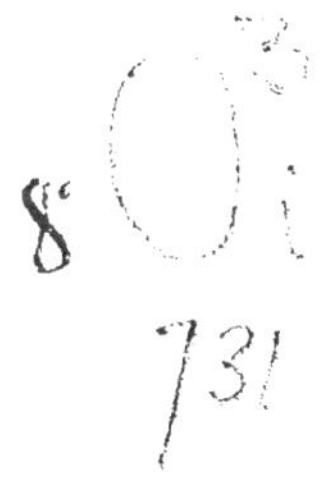

.. Une matinée du 1ᵉʳ mai !... Date bien souriante !... Jour particulièrement favorisé par les gais rayons du soleil !... Une température douce, plutôt fraîche ; et le renouveau de la belle saison qui a
rendu aux arbres d'alentour leur tendre et réjouissante verdure.

Heureuse matinée que la nature embellit de ses charmes printaniers ! Heureuse matinée que l'Église salue en consacrant le béni
mois de Mai à la Vierge Marie ! Le souvenir de la Reine du Ciel
s'impose, en ce jour gracieux, à la piété de tous, sur cette terre
où, dès la plus haute antiquité, la douce Mère du Sauveur Jésus
était l'objet d'un culte particulier de vénération et d'amour (1).

C'était vraiment une fort belle et très imposante assemblée,
celle qui, au matin du 1ᵉʳ mai 1907, à Enfidaville (2), faisait cortège
à S. G. Mgr Combes, archevêque de Carthage, Primat d'Afrique,
assisté de S. G. Mgr Tournier, Évêque titulaire d'Hippone-Zarite

---

(1) On a trouvé et l'on trouve encore souvent des documents
précieux pour attester ce culte antique : bas-reliefs, statuettes,
plombs de bulles, briques en argile ; et, parmi ces dernières, des
reliefs représentant la Vierge Marie honorée de cette invocation :
✝ SCT MARIA AIVBA NOS ✝ (Sancta Maria adjuva nos).
La première a été découverte à Kasserine (Tunisie) par le savant
et regretté abbé Delapard, curé de Tébessa. D'autres l'ont été à
Hadjeb-el-Aïoun, à Bou-Ficha, et un fragment à Carthage.

(2) Village de création française, situé sur la ligne du chemin de
fer de Tunis (100 kil.) à Sousse (50 kil.). Il est le centre principal
de l'important Domaine de l'Enfida (environ 100.000 hectares), sur
lequel existent les Ruines de dix-sept villes romaines, la plupart
sièges d'évêchés.

et de S. G. Mgr Poloméni, Évêque titulaire de Ruspe ; et qui se pressait autour de MM. Augustin Féraud, Président de la Société Franco-Africaine, propriétaire de l'immense Domaine de l'Enfida, Louis Gros, Administrateur délégué de la même Société et Alfred Coeytaux, Directeur de l'exploitation.

Un grand nombre de notabilités appartenant au Clergé et au monde des Fonctionnaires, des Banques, du Barreau et autres de toute condition, beaucoup de dames aussi, étaient là, venus de Tunis, de Sousse, des environs, empressés, dans l'attrait d'une fête revêtant un caractère unique. Et personne, pressons-nous de le dire, ne fut déçu dans son attente.

Ils étaient là tous, joyeusement, pieusement mêlés à la paisible population de la Paroisse, jetant dans le coquet et verdoyant village une note vibrante de grandeur inaccoutumée et de franche sympathie qui allait droit à tous les cœurs d'un peuple plein d'enthousiasme et rayonnant de joie comme aux grands jours.

Et ce fut à la vérité un grand jour dont les annales du souvenir perpétueront la mémoire tant à Enfidaville que dans la Tunisie tout entière, au-delà même de ses confins et de ses rivages. Et tous, de toute condition et de tout rang, exhalaient, dans l'expansion spontanée de leurs cœurs expectants, une allégresse joyeuse et sincère que reflétaient les visages radieux et étonnés.

Dans la foule, ou le long des rues tout en fête, des Musulmans, les uns richement drapés dans leurs vives couleurs, les autres dans la modeste tunique de la campagne, d'autres encore en sordides haillons..... Tous frappés d'étonnement, contemplent, dans leur curiosité naïve, le va-et-vient des groupes, le déploiement du cortège, l'animation inusitée d'une vie intense. Et ce mélange de costumes divers pique, à travers la foule des Européens, une note d'un effet saisissant, et imprime par son contraste un cachet original à l'assemblée. C'est local ; c'est vivant ; c'est la caractéristique particulière aux manifestations publiques dans notre France d'Afrique.

O vous, fils d'Ismaël qu'en ce moment la curiosité seule attire, que l'étonnement fige dans votre immobile fatalisme; oh ! portez bientôt, avec la rapidité qui vous distingue, portez au loin l'écho des merveilles que vous contemplez. Puissiez-vous en pénétrer tout le mystère ; puissiez-vous, courbant vos fronts avec les chrétiens inclinés devant leur Dieu qui est aussi le vôtre, revenir à la foi de vos ancêtres !

A travers l'exploration des ruines chrétiennes de l'Afrique du Nord, il est donné de rencontrer souvent, sur les inscriptions de mosaïque ou de pierre, un texte bien africain (1), dont *Uppenna* n'a pas voulu nous priver, et ce nous est une grande joie ! Il est venu des cieux, apporté par les Anges à la terre : GLORIA IN EXCELSIS DEO ET IN TERRA PAX HOMINIBUS. Paix aux hommes de toute condition, de tout costume, de toute langue, de toute race !

Quelle fête donc avait attiré cette affluence de visiteurs étrangers ; quelle fête avait soulevé, dans un sentiment d'unanime joie, les habitants d'Enfidaville et de la région ?

N'avons-nous pas indiqué la présence de Mgr l'Archevêque de Carthage ? C'était donc une fête religieuse. Oui ! une fête religieuse, et comme il n'est donné d'en offrir ou d'en jouir que dans les contrées où jadis « le sang des Martyrs fut une semence de chrétiens » (2) ; où jadis la science profonde et l'admirable éloquence des Docteurs de la foi fut le renom de l'Afrique chrétienne et la gloire de l'Église catholique.

Car il s'agissait bien, ce jour-là, d'honorer des Martyrs et des Évêques. C'était la glorification, l'apothéose de *seize* Martyrs dont les noms seuls nous restent ; c'était la translation des corps, pourquoi ne dirais-je pas des reliques, de trois Évêques, dont deux au moins furent Confesseurs de la foi, par l'exil dont ils furent frappés.

Je dois aux lecteurs de leur narrer en quelques lignes les motifs de la fête.

En 1881 était découvert (3), à environ 5 kil. N. d'Enfidaville, le sommet d'un *baptistère* émergeant de la campagne et protégé à une centaine de mètres par l'imposante masse d'une forteresse byzantine. Les années s'écoulèrent... Lorsqu'à la fin de 1904, des fouilles furent entreprises (4) aux abords du baptistère. Elles ne tardèrent

---

(1) Le *Gloria in excelsis Deo et in terra pax hominibus* est plusieurs fois répété dans les épigraphes africaines et particulièrement au temps d'Hildéric, *qui longam persecutionem pacavit.* (de Rossi, *La Capsella d'argent africaine*, page 49).

(2) Tertullien, *Apologétique.*

(3) Par M. Cagnat, le savant archéologue de l'Académie des Inscriptions et Belles Lettres.

(4) Par M. Robin, conducteur des Ponts et Chaussées à Enfidaville, d'après les indications de M. le Dr Carton, le distingué archéologue, président de la Société archéologique de Sousse.

pas à amener les explorateurs à une mosaïque de 2ᵐ60 sur 2ᵐ80 indiquant les noms de seize Martyrs et proclamant leurs louanges par l'hymne angélique : *Gloria in excelsis Deo et in terra pax homnibus.* Mgr l'Archevêque de Carthage fut avisé de cette merveilleuse découverte ; et, à la suite d'une visite que Sa Grandeur fit aux ruines de la Basilique d'*Uppenna*, c'est le nom de l'ancienne ville épiscopale, il fut convenu avec la Direction du Service des Antiquités et Arts en Tunisie, que les fouilles se poursuivraient pour déblayer le lieu saint tout entier. Au fur et à mesure des travaux de déblaiement, on découvrit un grand nombre de mosaïques tombales, pour la plupart, dans un excellent état de conservation.

Vers la même époque, faisant préparer les terrains, en vue d'une plantations d'arbres, sur la colline de *Sidi-Abich* (1), distante d'environ 1,500 mètres N. d'Enfidaville, M. Coeytaux, Directeur de l'exploitation du Domaine de l'Enfida, découvrit sous le fer des ouvriers des fragments de mosaïque. Il procéda à une exploration méthodique du sol, et parvint, à force d'un travail dans lequel il s'employa avec une religieuse passion, à mettre à jour tout le pavement, en mosaïques diverses, ornementales ou tombales, d'une petite Basilique de 22 mètres sur 14. Une vraie merveille ! Un bijou enchassé dans les ruines du temple ! A la suite de ces riches découvertes, et après accord entre l'Administration diocésaine et les Administrateurs de la Société Franco-Africaine de l'Enfida, il fut décidé de construire une église définitive dans le centre du village. La Direction du Service des Antiquités et Arts offrait gracieusement les mosaïques découvertes ; et, par suite d'une entente réciproque, la nouvelle église offrirait un asile sûr et permanent aux merveilleuses richesses des Basiliques d'*Uppenna* et de *Sidi-Abich*.

*
* *

---

(1) On ignore malheureusement le nom de la cité antique. M. Coeytaux serait porté à croire, vu les petites dimensions de l'édifice, qu'il était la chapelle d'un monastère.

Ce 1ᵉʳ mai donc, avait lieu la bénédiction de la nouvelle église d'Enfidaville, beau monument (1) de style roman, auquel donne accès un porche surmonté d'un majestueux clocher. L'ensemble de l'Église, dédiée à Saint-Augustin, est une croix latine dont le sommet, le sanctuaire, est absidial. Autour de cette abside circule la sacristie à laquelle deux portes intérieures donnent accès. Le tout est d'un effet imposant et se détache merveilleusement, sous l'azur du ciel, au milieu d'un vaste terrain, face à la place du village, et qui est destiné à un *square* dans lequel seront déposées, comme à Carthage, toutes les mosaïques de moindre valeur ou dont il ne reste que des fragments, et les pierres, sculptées ou tombales, découvertes dans le Domaine. Parmi ces dernières on remarquera un socle rectangulaire, sur l'une des faces duquel est gravée une inscription votive à Constantin le Grand, et qui donne le nom de la cité d'*Uppenna* (2).

Quant à l'église, elle est intérieurement un *musée*, mais un musée de l'art chrétien. La plus grande partie du sol, dans le sanctuaire et dans le transept, est recouverte de merveilleux tapis ; les murs sont la plupart dissimulés par de riches tapisseries, tous

---

(1) La longueur totale est de 30 mètres, y compris la sacristie ; la longueur intérieure, en comptant le porche, est de 27 mètres ; largeur de la nef, 7 m. 40 ; du transept, 15 mètres ; hauteur de la voûte, 10 mètres ; hauteur du clocher, y compris la croix, 27 mètres.

Le clocher renferme un carillon de 8 cloches, actionné par un clavier, don de M. Gros.

Les vitraux du sanctuaire (dans le reste de l'Église ce sont des grisailles) offerts par M. Féraud, représentent : au centre, Saint Augustin ; du côté de l'évangile, Saint Louis, roi de France et Saint Cyprien ; du côté de l'épître, Saint Clément et Saint Fulgence.

(2)
     IMP. CAES. FLAVIO
        VALERIO
    CONSTANTINO. PIO
    FEL. INVICTO. AVG.
     PONTIFICI. MAX.
     TRIB. POTESTATE
   COL. VPPENNA. DEVOTA
   NVMINI MAIESTATIQ.
       EIVS
  DD   PP

le seront bientôt entièrement. Quelles sont délicieuses ces nombreuses tentures ! Ce ne sont pas des *Aubusson*, ni même des *Gobelins*. C'est mieux, et bien plus somptueux encore ! Celles-ci sont d'origine relativement récente : cinq siècles à peine !... Qu'est-ce à travers les âges ! Puis elles sont exposées à l'usure, à la détérioration par les insectes, la lumière, le temps, l'usage. Les tapis d'Enfidaville (il y en a six) et les tentures (il y en a pour le moment vingt-six) ont pour eux le prestige de l'antiquité... Ils datent de quinze à seize siècles... Les outrages du temps n'ont sur eux aucune prise ; et l'amoncellement des ruines, loin de les détruire, nous les a conservés à travers les âges. Qu'ils sont beaux ! On les admire !... L'œil est ravi !... C'est le chatoiement des couleurs, la nuance des tonalités, la variété des sujets, le rapprochement des divers éléments de la nature ! Le règne minéral est à la fois leur chaîne indestructible et leur trame aux brillants coloris ; le règne animal, de la terre et des océans : agneaux, poissons, oiseaux de toute sorte ; le règne végétal : vignes, raisins, palmes, fleurs, sont reproduits vivants par le précieux tissu. Et, constraste remarquable ! alors que la plupart de ces tapisseries de pierre et de marbre recouvrent des ossements ; par leur admirable fraîcheur et les symboles qu'elles expriment, elles clament, elles chantent non plus la mort, mais la résurrection, mais la vie, mais la gloire céleste des personnages dont elles attestent élogieusement les vertus. Combien était heureuse l'application que fit Mgr l'Archevêque du texte évangélique : « *Quia si hi tacuerint, lapides clamabunt* » (1). Si quelqu'un était assez insensible pour se taire devant de tels souvenirs, les pierres clameraient leur gloire. Le poète latin (2) avait écrit : « *Impavidum ferient ruinæ* ». Ce n'était pas le cas à notre fête, où l'émotion gagnait tous les cœurs.

Les mosaïques qui recouvrent les murailles sont toutes des mosaïques tombales, rappelant les noms de personnes, hommes, femmes, enfants, reconnus assez vertueux pour avoir autrefois mérité la sépulture dans les basiliques.

Mais celles qui recouvrent le sol ! C'est d'abord, dans le sanctuaire, la mosaïque proclamant les noms des *seize* Martyrs ; elle recouvre le coffret de pierre qu'elle recouvrait dans l'antique basilique, et qui contenait les fils d'or pur d'une étoffe précieuse qui

______

(1) Luc, xix, 40.
(2) Horace. *Odes*, iii, 3, 8.

apparemment enveloppait un document écrit sur parchemin, comme semble l'indiquer une analyse chimique. Elle est accostée, du côté de l'évangile, par la mosaïque tombale de l'évêque *Honorius* et, du côté de l'épître, par celle de l'évêque *Baleriolus*, tous deux évêques d'*Uppenna* (1). Chacune recouvre les ossements du Pontife qu'elle conserve. Ces ossements recueillis lors des fouilles ont été précieusement conservés, dans des coffrets scellés, pour leur nouvelle et définitive sépulture. Il en est de même pour l'évêque *Paulus*, dont la mosaïque est placée dans le transept, du côté de l'évangile. *Paulus*, Métropolitain de Mauritanie, était, autant que les documents historiques permettent de le croire, Évêque de *Flumenzer*, ville située sur l'*Oued-Djir* qui baigne El-Affroun, dans le diocèse d'Alger. Convoqué par Hunéric à la Conférence de Carthage, en 484, il fut condamné à l'exil, et mourut, on ne sait ni quand ni comment ; mais il fut inhumé dans la basilique de *Sidi-Abich*.

Un document, gravé sur une tablette de plomb, a été placé près de chacun des quatre coffrets, pour perpétuer la mémoire de la translation.

Dans la nef principale, effleurant la table de communion, un vaste tapis (c'est le nom qui sortait unanimement de toutes les bouches), un vaste tapis en mosaïque du plus bel effet, ne mesurant pas moins d'environ quatre mètres de côté. Une autre mosaïque dans le transept du côté de l'épître. Ces deux dernières sont ornementales à sujets très variés et très riches. Toutes ont été disposées par un mosaïste émérite (2).

Le moment de la cérémonie est arrivé.... Une procession se met en marche, qui part de l'ancienne et modeste chapelle (3). Un groupe de jeunes filles, premières communiantes de l'année, prend la tête, dirigées par la Croix. Elles chantent pieusement l'*Ave Maris Stella*. Les fidèles les suivent, puis les trois Pontifes, assistés de Chanoines de Carthage. Le cortège vient d'arriver devant la nouvelle église dont il encadre la façade. La Bénédiction solennelle commence ; toute la liturgie est chantée, tant à l'exté-

---

(1) Le premier historiquement connu, le second absolument inconnu jusqu'à l'époque des fouilles.

(2) M. Fino, savant dans l'art d'enlever les mosaïques, plus savant dans l'art de les reconstituer.

(3) Elle mesure seulement six mètres sur sept.

rieur qu'à l'intérieur. C'est imposant !... Les fidèles étonnés ne peuvent cacher leur émotion. .. Le chant des psaumes, les Litanies des Saints, l'aspersion des murailles.... tout est accompli avec une solennité impressionnante.

La messe basse commence. C'est Mgr l'Archevêque de Carthage qui la célèbre. Une belle et sonore voix de baryton accentue les pieuses invocations du *Sub tuum* de Mozart ... L'Évangile est terminé. Et Monseigneur, se tournant vers le clergé et vers le peuple qui emplit la nef et la tribune, prononce le discours de circonstance. Discours d'une remarquable élévation de pensées ! Discours vibrant, ému ; aux enlevées pleines d'ardente foi et de tendre piété ; aux accents tour à tour empreints de pathétiques émotions ou de considérations pleines de flamme ! Sa Grandeur rappelle les modestes origines de la Paroisse, et salue ses destinées désormais assurées de la pérennité. Puis elle fait un touchant et émouvant historique de la découverte des Mosaïques et des Corps qu'elles nous ont conservés. Monseigneur, en termes plein d'à-propos et de vérité, exprime sa reconnaissance émue à tous ceux qui ont contribué, de près ou de loin, à la préparation de cette fête qui marquera « parmi les plus heureuses » dans les Annales du diocèse ; à M. le Directeur (1) des Antiquités ; à MM. les Président, Administrateur et Directeur de l'immense Domaine ; à MM. l'Architecte (2) et l'Entrepreneur (3) ; aux Membres de la Commission ecclésiastique d'Archéologie chrétienne, et en particulier au R. P. Delattre, qui a été l'âme de tous ses travaux ; à M. l'abbé Emmanuelli, curé de la paroisse, dont S. G. a fait un éloge impressionnant de sincérité, en énumérant des mérites auxquels eût applaudi l'assistance, n'était la sainteté du lieu. Enfin, reliant la foi des siècles passés à la foi du siècle actuel ; unissant les chrétiens d'*Uppenna* aux chrétiens d'*Enfidaville*, dans les sentiments d'un même amour et d'une invariable croyance pour leur Dieu, Monseigneur commente éloquemment le Symbole de Nicée et, se tournant vers l'autel, entonne solennellement le *Credo*. Les voix du clergé et du peuple le poursuivent dans des accents émus et vibrants d'enthousiasme et de foi.

La messe, interrompue pendant ce chant, continue.... Après

---

(1) M. Merlin, archéologue distingué et savant épigraphiste.
(2) M. Peters.
(3) M. Bevelacqua.

l'élévation, la voix qui nous a charmés au début, savamment accompagnée sur l'harmonium par le Maître de Chapelle de la Cathédrale de Tunis (1), interprète le *Panis angelicus* de C. Franck. L'instant de la bénédiction est arrivé. Monseigneur la donne solennellement, et les fronts courbés se relèvent pour le dernier Évangile.

Et alors !... reprenant la parole, Mgr Combes fait heureusement remarquer qu'une fête de famille ne saurait être complète si le père y manquait. Pie X est avec nous, s'écrie-t-il ! Il participe à nos joies ; il préside de cœur notre fête ; et, dans l'impossibilité où Sa Sainteté se trouve d'être en personne dans ce sanctuaire, Elle m'a chargé, par une lettre reçue hier, de vous bénir en Son nom.

Et Monseigneur chante la formule apostolique et donne la Bénédiction papale.

Heureux couronnement d'une fête unique, inoubliable !

La procession se met en marche aux accents du Cantique d'Actions de grâces : *Magnificat anima mea Dominum!* Puis retentit l'appel des cœurs à Notre-Dame d'Afrique, à notre Souveraine : *Ave, o Maria, ave Maria.....*

On est de nouveau dans l'ancienne chapelle..... Quel contraste !..... L'humilité de Bethléem, subie pendant dix-huit années, est récompensée par la glorieuse vision du Thabor.

. . . .

Je ne parlerai pas du banquet, offert dans un magnifique cadre de verdure dissimulant toutes les parois de la vaste salle ; elle était convertie en un vrai jardin, savamment tracé, dont les gracieux massifs de fleurs égayaient les convives ; on n'avait rien omis, pas même le jeu des eaux !

Je ne dirai pas davantage la fête arabe qui suivit ; tous en connaissent le thème : musique cadencée, courses à toute allure, crépitation des mousquets.

Mais ce que je ne saurais omettre de dire, ce sont les coïncidences frappantes qui se dégagent de ce récit.

On fêtait la translation des corps de trois Évêques de l'ancienne Église d'Afrique ; ce sont trois évêques de la nouvelle Église qui la président, dont l'un, le Métropolitain, successeur de saint Cyprien. Parmi les anciens pontifes s'en trouvent deux de la Bysa-

---

(1) M. l'abbé Bayonne.

cène *Honorius* et *Baleriolus,* et parmi les officiants nous voyons l'évêque (1) de *Ruspe,* ville faisant partie de la Byzacène. Le troisième, *Paulus,* appartenait à la Mauritanie Césaréenne dont il était Primat ; et c'est le Primat de Carthage qui donne à son collègue exilé la sépulture des saints. De plus, je remarque, pour ce dernier, que les trois Pontifes qui l'honorent, en assurant, dans l'église d'Enfidaville, la perpétuité de son nom et la conservation pieuse de ses cendres vénérables, viennent tous trois de cette même Mauritanie, où ils ont été initiés au sacerdoce. Et comme *Paulus* ils viennent dans la *Proconsulaire* et dans la *Byzacène* (notre Tunisie moderne), non plus appelés pour être voués aux rigueurs douloureuses de l'exil, mais distingués et choisis par l'illustre, le grand cardinal Lavigerie, pour relever cette terre de ses ruines, et la ressusciter, en ressuscitant des noms, l'un surtout (2) que l'histoire avait oublié, et en glorifiant leurs précieuses reliques.

*
* *

Les Martyrs, les Evêques et les Prêtres de Carthage, d'Hadrumète, de l'Afrique romaine tout entière devaient, ce me semble, en ce grand jour, tressaillir dans la poussière de leurs tombes *inconnues* ou *dispersées,* en contemplant, des sommets de la sereine Éternité, la glorification de leurs Collègues *reconnus* ou *retrouvés.*

O glorieux Cyprien ! O bienheureux Pontife ! Vous qui jamais n'avez redouté les rigueurs du pouvoir impérial ; mais qui chérissiez le Christ-Roi de toutes les ardeurs de votre grande âme !

O Deogratias, inébranlable dans votre foi !

O Eugène, prêtre distingué, évêque à ce point ambitieux du bien des âmes que les hérétiques eux-mêmes ne purent s'empêcher de vous témoigner une profonde vénération ! La France vous recueillit dans votre exil et confia l'honneur de conserver vos cendres à l'insigne cathédrale d'Albi !

Et vous, Augustin ! Carthage fut témoin de vos faiblesses, comme de vos gloires ; et jalouse de vous magnifier, elle vient de prier

---

(1) Mgr Poloméni.
(2) L'évêque Baleriolus.

Hippone de lui céder le prestige de votre grand nom, pour vous confier le patronage de cette Église d'Enfidaville ! Elle vous rappelle sur cette terre que vous avez aimée !

Et pourquoi séparerais-je la Mère du Fils ? Monique n'a-t-elle pas gémi douloureusement et pleuré des larmes amères, désolée du départ de son Augustin ? Elle le voyait fuir, voguant vers d'autres cieux, du haut d'un promontoire voisin de Carthage, qui conserve le souvenir de sa douleur. On l'appelle le promontoire des *Larmes de Sainte Monique.*

O vaillantes et admirables Perpétue et Félicité, dont l'Église a ravi les noms illustres à l'Afrique, pour les disperser dans tous les sanctuaires (1) du monde !

Et vous, vierges de Thuburbo, Maxima, Donatilla et Secunda ! Intrépides dans les tourments et devant la mort, autant que gracieuses dans les charmes de votre jeunesse ! (2).

O généreux Père, et vous généreuse Mère de douze Fils (3) dont la générosité ne le cède en rien à la votre ! Hadrumète a contemplé votre constance dans le martyre ; elle perpétue, de nos jours encore, le souvenir de vos noms et de votre gloire !

---

(1) Leurs noms sont insérés au Canon de la Messe. — Tous savent que récemment le R. P. Delattre, le savant archéologue, a eu le bonheur de découvrir leur pierre tombale sur laquelle sont inscrits, avec leurs noms, ceux de leurs Compagnons de martyre.

 ✝ *Hic* SVNT MARTY *res*
 ✝ SATVRVS SATVR *ninus*
 ✝ REBOCATVS SECV *ndulus*
 ✝ FELICI *tas* PERPET *ua* PAS
 ✝ MAIVLVS ?...

(2) Secunda avait douze ans. Toutes trois, après avoir subi victorieusement de cruelles tortures, accueillirent la sentence de mort en s'écriant d'une voix unanime : *Deo gratias !* et elles furent immédiatement décapitées. Leur mémoire était honorée jusque dans la Numidie. On a récemment découvert, à Rouis, dans la région et à 30 kil. au sud de Tébessa, une *Mensa Martyrum* sur laquelle sont gravés leurs trois noms. Une inscription trouvée il y a une vingtaine d'années dans une mosquée de Testour (Tunisie) rapporte leurs noms, et dit de Seconde : *Secunda bona puella* (Fête le 30 juillet).

(3) Saints Boniface, Thècle et leurs douze fils : Donatus, Honoratus, Arontius, Fortunatus, Sabinianus, Septimus, Januarius, Felix, Velinianus, Vitalis, Sator, et Repositus (Fête le 30 août).

Oublierai-je l'illustre Fulgence de Ruspe qui, par sa remarquable
et éloquente défense de la foi catholique, força l'admiration de son
persécuteur Thrasamond !

Oublierai-je les célèbres Martyrs d'Abitine ? (1).

Et tous ces Confesseurs de la foi qu'un roi barbare (2), après les
avoir convoqués à Carthage en 484, refoulait dans un cruel exil ?
Votre souvenir est dans la mémoire de tous ! Honorius et Paulus
dont nous avons le bonheur de posséder les belles épithaphes et
de conserver les pieuses cendres étaient des vôtres !

Enfin vous tous, en un mot, si nombreux que, d'après les
Annales glorieuses de notre liturgie africaine, il ne se passe
presque pas un seul jour que le Martyrologe ne proclame l'éloge
de l'un ou de plusieurs d'entre vous ! (3).

O Saintes Phalanges de la grande Église d'Afrique ! C'est vous,
quel nom que vous portiez ; c'est vous, quelle que soit l'illustra-
tion de votre vie ; c'est vous, quel qu'ait été le genre de votre
mort ; c'est vous, ce sont vos noms, c'est votre louange que nous
chantons, en adressant l'hymne de nos louanges aux noms illustres
qui brillent si noblement, en mosaïques remarquables de fraîcheur, sur les parois de ce magnifique sanctuaire : Mosaïques
précieuses par les souvenirs qu'elles rappellent ! Mosaïques inesti-
mables et par leur nombre (4) et par leur beauté.

---

(1) Abitine, dont la position n'a pas encore pu être identifiée,
était proche de *Membressa*, aujourd'hui *Medjez-el-Bab*, en Tunisie.
Voici les noms des Martyrs : Saturninus, prêtre et ses quatre
enfants, Saturninus et Felix lecteurs, Maria et le tout jeune
Hilarion ; puis le sénateur Dativus, ensuite Thelica, Emeritus,
Felix, Ampellius, Rogatianus, Victoria et trente-sept autres de
l'un et l'autre sexe. (Fête le 11 février).

(2) Hunéric.

(3) Le 16 décembre, en la fête de *Plusieurs Vierges Martyres*, il
est dit : « .....restaurato post tot sæcula omnium Ecclesiæ Afri-
canæ Sanctorum cultu, de quibus pene quotidie Romanum agit
Martyrologium. »

(4) On en compte environ 80, tant d'Uppenna que de Sidi-Abich,
et il en existe encore d'autres qui ne tarderont pas à être relevées.

Alger. — Typographie Adolphe Jourdan

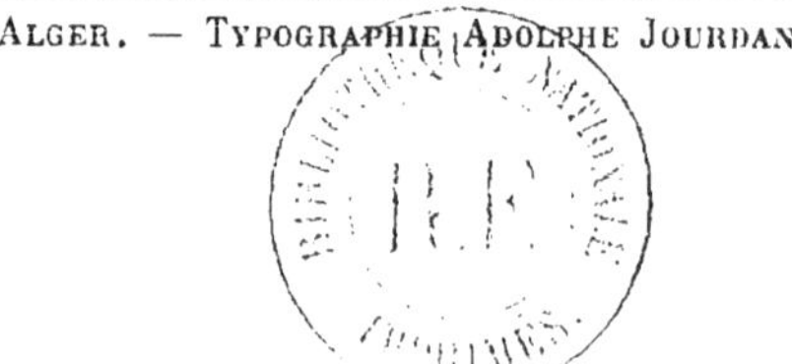